Радислав Лапушин. *Собачьи стихи*
Radislav Lapushin. *Dog Poetry (Sobach'i stikhi)*

ISBN 978-1-940220-42-0
Library of Congress Control Number: 2016901573

Оформление и обложка: В. Гузнер © 2016

Published by M•Graphics, Boston, MA
   www.mgraphics-publishing.com
   info@mgraphics-publishing.com
   mgraphics.books@gmail.com

Printed in the United States of America

ПОСВЯЩЕНИЕ

Всему, что, в рукав утыкаясь носом,
Находит приют от любого страха,
Всему, что тебя не раньше бросит,
Чем станет почвой и горсткой праха.

Всему, что ступает светло и босо,
Всему, с чем нет никакого сладу,
Всему, что в стихи превращает прозу,
Даже когда задирает лапу.

Всему, что обидеть простого проще
(Но прежде в эти глаза взгляни-ка!),
Всему, что и в скорби на жизнь не ропщет,
Посвящается с нежностью эта книга.

ПРОЛОГ № 1

Увидев приют для бездомных собак,
Туда мы решили зайти просто так.

С глазастым щенком повстречавшись глазами,
Зачем-то к нему мы приблизились сами.

Мы даже понять не смогли впопыхах,
Как он оказался у нас на руках.

Всего через час этот пёс незнакомый
Был дома у нас совершенно как дома!

...Вот так это всё незаметно случилось.
Вот так эта книжка сама сочинилась.

Так появились без лишних фраз
Мы — у Бадюши, Бадюша — у нас.

ПРОЛОГ № 2

Эта книжка рыжей масти
Состоит из страшной пасти,
Из когтистых лап и лая,
Что замолкнуть не желает.

Эта книжка рыжей масти.
В ней кипят такие страсти,
Что всерьёз, а не на шутку,
Почитаешь — станет жутко!

Эта книжка рыжей масти.
В ней несчастье — тоже счастье.
В ней без сна и проволочки
Все хвостом виляют строчки!

* * *

Мальчик Бадюша
Любит кусаться.
Мальчик Бадюша
Любит ласкаться.

Мы говорим ему:
Определяйся —
Или кусайся,
Или ласкайся.

Бедный Бадюша
Выбрать не может.
Это его очень сильно
Тревожит.

Как он ни пробует
И ни старается,
То он кусается,
То он ласкается!

Видно, Бадюша
Не может иначе:
Страшно он нежный
И нежно кусачий.

* * *

«Ваше Кусачество
Бади Лапушин,
Что вы хотите
Сегодня на ужин?»

«Что-нибудь легкое,
Недорогое:
Супчик куриный,
А после жаркое.

Ну и котлетку
Было б неплохо», —
Бади Лапушин
Ответил со вздохом.

«А про закуску
Думать не стоит —
Что-нибудь быстрое,
Очень простое.

Я не обижусь,
Честное слово,
Если нальют мне
Бульончику снова.

И напоследок —
Самую малость:
Всё,
Что на ваших тарелках осталось!»

* * *

С детства много интересу
Проявлял Бадюша к лесу.

Он узнал не понаслышке,
Как вкусны бывают шишки,

Как листва с повадкой мягкой
Шелестит под каждой лапкой,

И с растенья на растенье
Перепрыгивают тени.

Там, в сверкающей лазури,
Ходят стройные косули.

У косуль на каждой ветке
Есть чудесные объедки.

Размечтаешься, бывало,
Чуть добравшись до привала,

И подумаешь не всуе,
Что неплохо быть косулей!

* * *

Собаку хорошую
Не обижают.
Собаке хорошей
Шалить разрешают.

И если бывает
Она непослушна,
Наказывать
Эту собаку не нужно.

Нужны ей не встряски,
А разные ласки,
Не дикие вскрики,
А тихие миги.

Ей нужно, чтоб кто-нибудь,
Глядя ей в очи,
Сказал бы ей что-нибудь
Нежное очень.

Ей важно, чтоб каждый
В семье и округе
Её пожалеть
Не забыл на досуге.

Одни обниманья
Достойны вниманья,
А все наказанья
Достойны кусанья!

И если создаст вам
Собака проблему,
Прочтите, пожалуйста,
Эту поэму.

* * *

С тополя бедного все до последнего
Листья рассыпало и разметало.
Может, действительно, именно этого,
Этого именно нам не хватало?

Вот уже холодно стало по-зимнему.
Эхо по лесу блуждать перестало.
Может, и вправду, этого именно,
Именно этого нам не хватало?

Взяли щенка — непослушного, вредного.
Он огорчений приносит немало.
Именно этого, именно этого,
Именно этого нам не хватало!

* * *

Нужна обязательно
Рядом собака
Тому, кто в ночи
Просыпался от страха.

Тому, кто любви
Не дождался и плакал,
Нужна обязательно
Рядом собака.

Нужна обязательно
Рядом собака
Для медленных дум
И для быстрого шага.

Для солнечных дней
И дождливого мрака
Нужна обязательно
Рядом собака.

Нужна обязательно
Рядом собака.
Вы новых причин
Не ищите однако.

Без всяких причин
И без логики всякой
Нужна обязательно
Рядом собака!

* * *

Дождь и Бадюша,
Бадюша и дождь —
Преданней дружбы
Нигде не найдёшь.

В доме раскаты
Разносятся грома,
Значит, Бадюша
Находится дома.

Стёкла дрожат.
Но при этом, заметьте,
Мебель стоять
Остаётся на месте.

Шумом в ушах
Отзывается лай.
«Знаешь, Бадюша,
Сходи погуляй...»

Много хороших
Манер у Бадюши.
Он обходить
Не старается лужи.

Чистая радость,
Восторг неземной —
Шлёпать по грязи
Сквозь дождик густой!

ПРИМЕТЫ

Есть примет собачьих много.
Все они научны строго.

Если спать хвостом на запад,
То приснится вкусный запах.

Если носом на восток —
То накормит мама в срок.

Снег засыпал переулок
Счастьем будущих прогулок.

Дождик льёт без перерыва —
Будут нежностей приливы.

Повстречаешься с котом —
Приключений жди потом.

Повстречается собака —
Будет дружеская драка.

Если всё семейство в сборе —
Состоится ужин вскоре.

А когда накроют ужин,
Никаких примет не нужно.

* * *

Пусть казалось, что слизалось
Всё, что было, без остатка,
Там, на донышке, осталось
Что-то пахнущее сладко.

Пусть слизалось, что казалось
Бесконечным и прекрасным,
Там, на донышке, осталось
То, чего не видно глазом.

Здесь нужны шестое чувство,
И седьмое, и восьмое.
Это всё-таки искусство,
А не что-нибудь такое.

Это творческая мука,
Не какие-то безделки.
Это музыка без звука —
Очищение тарелки!

* * *

У Бадюши всё не так, как у людей.
У Бадюши день рожденья каждый день.

Если свет ещё не полностью погас,
У Бадюши день рожденья каждый час.

У Бадюши день рожденья каждый миг!
Но при этом он — щенок, а не старик.

* * *

Маленький Бадюша
Скоро станет взрослым.
Мучают Бадюшу
Вечные вопросы.

Как собой остаться,
Если не кусаться?

Как в любви признаться,
Если не лизаться?

Стало очень трудно
Реализоваться...

ДВОЙНОЙ СОН

1

Снится Бадюше: он снова один.
Нет в его жизни чудесных картин.
Мальчика нет, чьё лицо облизать
Каждое утро спешит он опять.
Мамы, которая — словом и взглядом —
Если не рядом, то всё-таки рядом.
Нет и меня, кто стихи про Бадюшу
Вслух сочиняет за милую душу.
В мире огромном, чужом и бездонном
Страшно однажды проснуться бездомным.
По совокупности разных причин
Грустно тому, кто остался один.

2

Ночью, среди подступающей тьмы,
Снится: с Бадюшей не встретились мы.
В ту же секунду, проснувшись с испугу,
Все мы кидаемся с криком друг к другу.
Как же нам всем повезло, потому что
Всё это был только сон никчемушный!
И посреди окружающей тьмы
Вот он Бадюша, и вот они — мы.

БАДЮШИНЫ ОТДУШИНЫ

Не стоит звать капризами
Носок и мяч обгрызенный.
Похитить обувь чью-то —
Не праздная причуда.

Нет, всё это Бадюшины
Надежды и отдушины!

Обегать лес три раза,
Сорвавшись с поводка —
Не шалость и проказа
Бездумного щенка.

Собрать всю грязь и прыгнуть
В экстазе на кровать —
Всего лишь только прихоть?
Ну, это как сказать...

РАЗГОВОР

— Повалялся в траве?
— Недолго.
Три-четыре часа — и только.
— На пруду побывал?
— Ещё бы!
Обойтись без него попробуй!
— Каждый кустик обнюхал?
— Каждый!
А иные — так даже дважды.
— Кашу съел натощак?
— А как же!
Где бы силы я взял без каши?!

СМЫСЛ

Иногда не видишь смысла
Ни вблизи, ни издалёка.
А Бадюшина проблема
В том, что смысла слишком много.

Он — в прогулках лучезарных
И поездках на машине,
Что чреваты чудесами
Маленькими и большими.

Он — у неба в середине
И у поля на ладони.
И, конечно, холодильник
Смыслом доверху наполнен!

ОТКРЫТИЕ

Гуляющего и спящего,
Молчащего и рычащего,
Трусливого и бесстрашного,
Сегодняшнего, вчерашнего,
Со всеми твоими складками,
Повадками, недостатками,
Которых, увы, немало —
Тебя обожает мама!

ПОРТРЕТ БАДЮШИ

Правое ухо — торчком.
Левое ухо — ничком.

В карем колодце зрачка
Замер полёт светлячка.

И дирижирует хвост
Праздничной россыпью звёзд.

ВРЕМЯ И ПРОСТРАНСТВО

Однажды утром, неспроста,
Бадюша шёл из пункта А.

Он шёл, внушая сам себе,
Что скоро будет в пункте Б.

Но почему-то нет пространства
От нежности до хулиганства!

От извинений до проказ
Моргнуть не успевает глаз.

* * *

Бади — мальчонок, щенок, оленёнок —
Тщательно жизнь постигает с пелёнок.

Сами попробуйте с жизнью тягаться,
Если не хочет она постигаться!

Даже при солнечной самой погоде
Грусть, например, на Бадюшу находит.

Или напротив: подобная чуду,
Радость находит Бадюшу повсюду.

Легче без отдыха мчаться три мили,
Чем разобраться во внутреннем мире!

Всё-таки жизнь — не одно из дурачеств.
Много в ней тёмных, загадочных качеств.

НЕПРАВИЛЬНАЯ ЛАПА

«Всё идёт не так, как нужно.
Жизнь — какая-то мура».
Вот такое у Бадюши
Настроение с утра.

А причина очень странной
Оказалась и простой.
Дело в том, что утром рано
Встал он с лапы, но не с той.

Так проблему простодушно
Объяснил соседский пёс.
И теперь перед Бадюшей
Встал мучительный вопрос.

Перед ним стоит задача,
Что проста и не проста:
Есть в четвёрке лап собачьих
Та, которая не та.

У неё особый запах?
Есть на ней секретный знак?
Расспросить об этом завтра
Нужно знающих собак!

А пока, вздыхая слабо
И волнуясь неспроста,
Он разглядывает лапу:
«Та она — или не та?»

* * *

Бадюша лежит на траве,
Как будто летит по тропе!

Распутались лап корневища,
И он улетает всё выше —

Туда, где в густых облаках
Есть множество благ у собак.

Зато исключительно редки
Заборы, ошейники, клетки.

И лучшие запахи мира
Незримо проносятся мимо!

И в центре Вселенной, как лев,
Бадюша лежит на траве.

НЕДОУМЕНИЕ

Мяч гонять я кончил в пять.
— Хочешь поиграть опять?

Ужин есть я кончил в шесть.
— Ты б хотел ещё поесть?

Как вопросы в этом роде
Людям в голову приходят?!

БАДЮША У ВЕТЕРИНАРА

1

Утром,
У ветеринара,
Посетителей немало.

Рыжие, белые,
В пятнах, разводах,
Каждый — с проблемами
Разного рода.

Яркие личности
Разного роста,
Общей хвостистости
И благородства.

Кто-то рвёт поводок,
А другой — отдыхает.
Здесь французский бульдог
И шотландский дирхаунд.

Сенбернары, дворняги,
Пуделя, спаниели.
В ком-то много отваги,
А в других — еле-еле.

Чуточку нервные,
Чуткие очень —
Возле кабинета,
В очереди общей.

2

— Имя?
— Бадюша.
— Возраст?
— Щенок.
— Адрес?
— Подстилка у маминых ног.
— Жалобы есть?
— Да.
На соседского кота.

Белки носятся без спросу,
Что способствует неврозу.

Также в завтраке порою
Недостаточно калорий.

Или взять такую моду:
Все уходят на работу.

Дождь идёт. На сердце осень.
Слова не с кем перебросить.

Для здоровья, между прочим,
Это всё опасно очень.

3

Чтобы показывать доктору ухо,
Необходимо присутствие духа.

Чтобы второе показывать ухо,
Необходимо присутствие друга.

А ещё для поощренья
Применяют угощенья.

За каждую лапу —
Немного салату.

По ложечке супа —
Для каждого зуба.

День не таким уже кажется грустным,
Если кончается чем-нибудь вкусным!

БАДЮШИНЫ ОБИДЫ

Обидели Бадюшу —
Не взяли на кровать,
И этим незаслуженно
Заставили страдать.

Обидели Бадюшу —
Не кто-нибудь, а мы! —
Когда его под душем
Бездушно стали мыть.

Похожие с виду обиды
На многие делятся виды.
Но поднимается выше обид
Тот, кто обиды способен забыть!

Он выше, без сомнения,
Всех мыслимых вершин...
И с этой точки зрения,
Бадюша — исполин!

* * *

Все говорят наперебой:
— Учитесь властвовать собой!

Но для того чтоб научиться,
От жизни нужно отключиться.

Вот белка лезет на забор —
Бадюша властвует собой!

Косули шествуют тропой —
Бадюша властвует собой!

Как будто белки и косули
Бадюшу не интересуют.

И вдруг — шаги из темноты.
Ну, наконец-то!.. Мама, ты?

Ни за какие лакомства
Собой не стану властвовать!

* * *

Пока подстилкою на вате
Проваливается листва,
Покуда — житель и жеватель —
Ты дремлешь, миску облизав,
Пока летишь волшебным лугом,
Не отрываясь от земли,
Кажется очень глупым
Жаловаться и скулить.

* * *

Бадюша доверчив не в меру:
Он мир принимает на веру.

Посмотрит, бывало, направо —
Там славная очень канава.

А справа посмотрит налево —
Там великолепное древо.

И звёзды, глядящие сверху,
Приветствуют каждую ветку.

Откроются окна наружу,
И голос окликнет Бадюшу.

И всю поднебесную сферу
Он радостно примет на веру!

СКОЛЬКО В НЕДЕЛЕ ЗАВТРАКОВ?

СМУТА

Бывают такие минуты,
Что спрятаться негде от смуты.

Куда ни пойдёшь — почему-то
Там сразу окажется смута.

И милая, добрая миска
Как будто вдали, а не близко.

И мячик любимый, в полоску,
Безжизненно кажется плоским.

Вся жизнь, если думать, вникая,
Какая-то вдруг никакая.

И то, что ты чудный красавец,
От смуты ничуть не спасает.

Одно не понятно Бадюше:
Внутри она или снаружи?

* * *

Тропинку найти покороче,
По запаху мяч отыскать...
А с музыкой как-то не очень
Дружил он, по правде сказать.

Однажды — за это спасибо
Одной из знакомых собак —
Узнал он, что есть композитор
С красивой фамилией *Бах*.

И — бух! — будто щёлкнуло где-то.
И, шалостям прежним не рад,
Все шесть Бранденбургских концертов
Бадюша прослушал подряд.

С тех пор, если скорбь не желает
Его от себя отпустить,
Он знает, что нужно не лаять,
А вслух сосчитать до шести.

И сразу меняется сцена,
И свет возникает над ним,
И шесть Бранденбургских концертов
Вступают один за другим!

Есть много печальных моментов,
Которых нельзя избежать,
Но шесть Бранденбургских концертов —
Шесть поводов жизнь продолжать.

Шагает с нами рядышком,
А будто и не здесь.
Над ним сверкает радугой
Серятина небес.
Денёк сегодня облачный,
Потерянный вполне.
А он себе по солнечной
Ступает стороне.

Родные и знакомые
Расспрашивают нас:
«Да где ж он эту сторону
Находит каждый раз?
Денёк совсем не стоящий,
Без солнца на стене.
Так как же он по солнечной
Ступает стороне?»

А мы в недоумении
Качаем головой,
Но знаем тем не менее,
Что он у нас — такой.
С утра до самой полночи,
А также и во сне,
Он солнечно по солнечной
Ступает стороне.

С Бадюшей так бывает:
Он еле ковыляет.
Он еле ковыляет —
И всё-таки виляет.

А как ему виляется,
Когда он вдруг влюбляется!
И сам он удивляется,
Что так ему виляется.

Посуда разбивается,
И книги с полок валятся —
Вот как ему виляется,
Когда он вдруг влюбляется!

СКОЛЬКО В НЕДЕЛЕ ЗАВТРАКОВ?

Если мы любую собаку спросим,
Завтраков в неделе должно быть восемь.

А если всё как следует обдумать и взвесить,
Завтраков должно быть как минимум десять.

Впрочем, и такая перспектива есть:
Завтраков могло быть всего только шесть.

Холодный в окно пробивается свет.
Проснулся Бадюша — а завтрака нет.

Встряхнулся — а завтрака нет никакого.
А если ещё не окажется крова?!

Ни сладко волнующих запахов,
Ни комнаты, полной огней...
Так пусть уж количество завтраков
Совпадает с количеством дней.

КОМИССИЯ

1

Бадюша с давних пор
Попасть мечтает в хор.

Бадюшиному басу
Все уступают трассу.

Зевая утром рано,
Он — чистое сопрано.

И у него при всём при том
Неповторимый баритон.

«Талант закапывать нельзя!» —
Решил он, косточку грызя.

И сразу после ужина
Помчался на прослушивание.

2

Суровая немыслимо,
Сидит пред ним комиссия.

«Блестящие задатки,
Но нервы не в порядке».

«Наличествует сила духа,
Но нет ни голоса, ни слуха».

А третий — шапка на меху —
Понёс совсем уж чепуху:

«Признать Вы не желаете,
Что вместо пенья лаете!»

Единодушный приговор:
Бадюшу петь не взяли в хор.

А он сказал: «Ну что же...» —
И вышел прочь, под дождик.

ОСЕННЕЕ

1

Все солнечные лики
Поблёкли и поникли.

От холода иные
Растенья приуныли.

Висеть клочку тумана
Невесело и странно...

А ты летай, Бадюша,—
И никого не слушай.

2

В гамаке паутины
Сладко спится листку.
Вмиг такие картины
Разгоняют тоску.
Жизнь — чудесная штука!
И, домой воротясь,
Можно с лапы и брюха
Долго слизывать грязь.

ЧИТАТЕЛЬ

Хорошо бы осенью
Почитать на даче
Что-нибудь серьёзное
Из жизни собачьей!

Что-то для развития,
А не для потехи...
Видимо-невидимо
Книг в библиотеке!

Выслушав Бадюшу —
Читатель как-никак —
Несут ему толстющую
Книгу про собак.

Носом застревая
Меж страниц и строк,
Разочарованья
Скрыть не смог щенок:

«Может, книга ваша
Всех других важней,
Но собакой даже
И не пахнет в ней!»

СНЕГ

1

Он с детства видел лужи —
И вдруг увидел лыжи.
Всю жизнь он дождик слушал —
И вдруг он снег расслышал.
А снег не просто выпал,
Он выпал, будто выплыл.
Откуда?.. Отовсюду.
Он выпал, будто выбрал
Всех, на кого он выпал,
Участниками чуда.

2

Не праздник разве,
В сугробах вязнуть?
Конечно, праздник!
Конечно, радость!

А сколько счастья
По снегу мчаться —
Мечтам навстречу
И домочадцам!

3

Как после снежной ванны
Дышать легко и славно!

Прилипшие созвездия
Отряхиваем весело.

А мир уже не прежний —
И внутренний, и внешний.

* * *

Внимание: он уже рядом —
Бадюша по кличке «Торнадо».

А следом врывается тут же
Торнадо по кличке «Бадюша».

Мы знаем, как действовать надо,
Когда перед нами торнадо.

И знаем, как действовать нужно,
Когда перед нами Бадюша.

Пока они поодиночке,
Ещё не дошли мы до точки.

Покамест они разделимы,
До ручки ещё не дошли мы.

Картина меняется, если
Они появляются вместе...

О, четырёхлапое чадо —
Бадюша по кличке «Торнадо»!

О, наш обожаемый ужас —
Торнадо по кличке «Бадюша»!

ГРОЗА

Позор: гроза округи,
Он от грозы в испуге!

От грома, словно маленький,
Он весь в огромной панике.

Нет, если гром раздастся,
Он будет огрызаться!

Недюжинное мужество
Спасёт его от ужаса.

И, действуя напористо,
Он сохранит достоинство!

Ведь к маме он недаром
Прилип под одеялом.

Защищённость от грозы
Увеличилась в разы.

ПРОБЫ ПЕРА

1

Бывают стишочки,
В которых две строчки
Или совсем одна
Строчка —
И тишина.

Знакомая история,
Печальная слегка:
Только настроился —
Нет стиха!

Бывают стишулища —
Строчек целая уймища.
Читаешь отчаянно,
А стих не кончается.

Поэтому в мире собачьем,
Где и без того не просто,
Многие — так или иначе —
Переходят на прозу.

2

А некоторые —
Например, Бадюша —
Думают так:
«Я не похож почему-то
На остальных собак.
Или это мне только кажется?»

Перехватывает дыханье.
Каждый куст
                    и тропинка каждая
Разговаривает стихами.

3

Прочно
На все свои встав
На четыре,
Силы
Он пробует
В литературе.

Нет, лучше так:

Прочно
На все свои встав
На четыре,
Силы
Он пробует
В литратыре.

Или вот так:

Прочно
На все свои встав
На четуре,
Силы
        он пробует
                    в литературе!

УГРЫЗЕНИЯ

«Что ещё ты, Бадюша, сгрыз?»
Отвернулся — и смотрит вниз.

У него теперь, без сомнения,
Начинаются угрызения:

Для чего это было нужно?
Не хватало игрушек из плюша?

Как он мог среди стольких новинок
Выбрать старый, противный ботинок?

Разве это не дико, не странно,
Что прельстился он ножкой дивана?

И при этом он знает заранее,
Что не будет конца разгрызаниям.

От рассвета и до потемнения
Будут длиться его угрызения.

* * *

Философский есть вопрос:
Для чего Бадюше хвост?

Не пытайтесь возражать —
На хвосте нельзя бежать.

Это ложь, что можно ложку
Поддержать хвостом немножко.

Звёзды с неба сбить хвостом?
Не вопрос... Но что потом?

В мире сумрачном и мутном
Будет как-то неуютно.

Существуют пусть хвосты
Просто так, для красоты.

Чтобы мог ты признаваться
Кротко, скромно, без оваций:

«Хвост мой виден за версту.
Я с хвостом, но не хвастун!»

* * *

Однажды
Бадюша
Случайно подслушал
Следующие слова:
«Какой он нескладный,
Этот Бадюша!
У него
Угловатая голова».

«А что за порода?»
«Да что ты:
Пародия,
А не порода!
К тому же,
Дворнягам другим не в пример,
Он не приобрёл
Благородных манер».

Молча Бадюша всё это выслушивал,
Молча походкой прошёл равнодушною —
Не поглядел.

Следуя импульсу непобедимому,
Шею он вытянул по-лебединому —
И полетел.

САМОКОПАНИЯ

С утра пораньше ямищу
Бадюша роет яростно.
И землю он азартными
Разбрасывает залпами.

Направо-налево,
Налево-направо
Летят ошалелые
Корни и травы.

«Бадюша, родной,
Объясни нам хоть вкратце,
До бездны какой
Ты решил докопаться?»

Неужто в самом деле
Никто не догадается,
Что в дебрях он идейных,
А не в земле копается —

В своих противоречиях,
Родными не замеченных,
В поступках и порывах,
Порой непримиримых!

Гора всё разрастается —
Нависла за окном.
А это он копается
В себе самом.

УТЕШЕНИЕ

Сущность жизни раскопать,
Всех причин постичь причину
Он пытался, но опять
Ничего не получилось.

Получается, хоть плачь,
Только так, а не иначе:
После стольких неудач
Он, Бадюша, неудачник!

Вдруг он хитро посмотрел,
Будто грусть пошла на убыль:
А родиться кто сумел?
А кого так сильно любят?

* * *

«Отдохнуть собираешься?»
«Что ты!
У меня ещё столько работы:

Каждый шорох за дверью
Моментально проверить.

Запах, даже не шибкий,
Распознать без ошибки.

Здесь и там —
Указать на их место котам.

Прыгнет белка на ветку —
Белку взять на заметку.

А самое трудное, друг дорогой,
Что помощи в общем-то нет никакой.

Весь день надрываешься страшно —
Никто и спасибо не скажет.

Отношусь философски, как к данности,
К человеческой неблагодарности».

ПРИГЛАШЕНИЕ К ПУТЕШЕСТВИЮ

Высокого штиля не чуждый,
Бадюша
Порой рассуждает торжественно:
О, как божественно
Каждое путешествие,
Даже если оно
Оказалось
Прогулкой у дома,
Даже если совсем
Продолжалось недолго,
Пусть хотя бы
Мгновенье одно!
Даже если оно
Ограничилось взглядом
В окно.

НЕЗДОРОВИТСЯ

Ну как здесь не расстроиться,
Поникнув головой?
Бадюше нездоровится,
Бадюша сам не свой.

Зовём — не откликается,
Со всех не мчится лап.
Ему не хулиганится:
Вот до чего он слаб!

На лес не смотрит с жадностью,
Не рыщет по углам...
«Обрадуй нас, пожалуйста, —
Чуть-чуть похулигань!»

УРОК

«Приведите мне пример», —
Попросил учитель в школе.
Наш Бадюша онемел:
Это что, насмешка, что ли?

Сколько б дела ни имел
Ты с примерами, а всё же
Привести нельзя пример,
Если он идти не может!

«Нет, Бадюша, погоди.
Всё на самом деле просто.
Ты пример свой приведи
В смысле строго переносном».

«В переносном?! Вот так да!
Смысл — не стол, не шкаф... Короче,
Смысла нет туда-сюда
Смысл таскать с утра до ночи!»

* * *

Даже
Мало-мальски
Образованный пёс
Знает, где находятся
Уши и нос.

Даже те, кто учится
Очень слабо,
Правую от левой
Отличают лапу.

Только с душою
Полная неразбериха.
Душа —
Это что-то большое?
Почему она спряталась тихо?

Всего себя Бадюша
Обнюхал, прочесал.
Неведомую душу
Под тумбочкой искал.

Искал — не обнаружил
Ни там, ни здесь.
Но чувствовал, проснувшись:
Душа у него есть.

* * *

Здесь, кажется, нет
Никакого вопроса:
Весь мир у Бадюши
На кончике носа.

Незримый олень
В отдаленьи пронёсся,
Но бег его замер
На кончике носа!

И те, кого больше
С Бадюшею нет,
На кончике носа
Оставили след.

Глазами распахнутых
Настежь ноздрей
Он видит острей,
Понимает быстрей.

Кусты перед ним
Расступаются сами,
Когда он тропу
Прорезает ноздрями!

Пусть даже он в комнате
Скучной и душной,
На кончике носа
Весь мир у Бадюши.

Траву ль подстригают,
Готовят ли завтрак,
На кончике носа
Щекочется запах.

Выходит соседка
Выбрасывать мусор —
И с запахом вместе
Доносится музыка!

Святая поэзия,
Жуткая проза —
Всегда они вместе
На кончике носа.

ПРОБУЖДЕНИЕ

1

Взволнованный очень,
Бадюша
Проснулся средь ночи.

Простая и страшная
Мысль поразила его:
Он в жизни ни разу
Не видел себя самого!

Он видел домашнюю птицу,
Коров и, конечно, собак.
И то, как он встретил лисицу,
Забыть невозможно никак.

По небу он водит глазами
Вослед остроносым орлам.
Он знает орлов, но не знает
Того, как он выглядит сам.

Под ливнем безропотно мокнет,
Нехоженой ходит тропой,
Но в зеркало если посмотрит,
То в зеркале кто-то другой!

Он жизнь свою жил не напрасно —
Он столько увидел всего,
Но если б хоть краешком глаза
Взглянуть на себя самого!

2

«Какой я на самом деле?
Когда обступает грусть,
Похож я на это дерево?
А может, на этот куст?

Если бы я случайно
Себя самого повстречал,
Я бы, наверно, сначала
Сам на себя зарычал?

Даже в иголках дымчатых
Сверхосторожный ёж
Может теоретически
Быть на меня похож!»

3

«Вот идёт навстречу гусь:
Я с гусём переглянусь.

Нет, на этого гуся
Мне похожим быть нельзя!»

МЫСЛИ

Как-то, расслабившись после обеда,
Мысли о жизни Бадюша поведал:

«Самая лучшая в мире охота,
Если с охотой ты делаешь что-то.

Лапою дверь приоткрыв по наитию,
Ты совершил этим самым открытие.

Если в пруду ты на славу поплавал,
Это и есть настоящая слава!

Всё, что ты ищешь, находится рядом.
Только назвать это правильно надо».

Хвостатые сны

МОЛИТВА

Гости ушли, а домашние — здесь.
В комнате мир умещается весь.
Лунные тянутся тонко следы.
Миска блестит, дожидаясь еды.
Оберегает родной полумрак
Неразлучимых людей и собак.
Пусть навсегда всё окажется так...
Пусть навсегда всё окажется так...

СПАСЕНИЕ

Чудесные истории
Случаются с Бадюшей,
Истории, которые
Полезно всем послушать.

Однажды поздно вечером,
Идя домой дворами,
Он недруга извечного
В глубокой видит яме.

Хотел пройти насмешливо,
Но пригляделся: Боже,
Он в недруге поверженном
Узнать врага не может!

Он видит не обидчика,
Сверкнувшего в потёмках,
А очень симпатичного
И кроткого котёнка.

Не хищника брутального,
Шипящего горбато,
А бедного, печального,
Потерянного брата.

Он лаять начал яростно
И «SOS!» кричать по-своему...
О, как бывает радостно,
Когда спасёшь кого-нибудь!

Он, если б стал учителем,
Сказал бы детям звонко:
«Нет ничего значительней
Спасённого котёнка!»

ПОЛУДРЁМА

Два Бадюши в одном —
Между явью и сном.

Снова жизнью двойной
Он живёт в полудрёме,
Мир вдыхая иной,
Мира здешнего кроме.

День от солнца ослеп.
До свиданья, родные!
Он оленям вослед
Устремляется ныне.

Вслед за белками — скок!
И, успев приземлиться,
Настигает врасплох
То ежа, то лисицу.

Расступается лес,
И — послушай, послушай —
Уж разносится весть
У орлов про Бадюшу!

Даже хмурый медведь
Приподнялся — и замер,
Предпочтя не шуметь,
А расстаться друзьями.

Слон (он видел слонов
На картинке однажды!),
Броосив наземь бревно,
Важным хоботом машет.

Пухлый гиппопотам,
Хоть не маленький вроде,
Как щенок, по пятам
За Бадюшею ходит.

На какой широте
Он сумел оказаться?
Танцевать шимпанзе
Приглашают красавца.

Всё встречает его
Теплотой и приветом.
Но важнее всего,
Что он дома при этом.

И куда б ни занёс
Его ветер досужий,
Чуют сердце и нос:
Приближается ужин!

ВОПРОСЫ

Скажи мне, куда
Девается темнота?
Где прячется свет,
Когда его нет?

Как спится деревьям стоя?
Сколько у листьев историй?
Дождь, невпопад моросящий, —
Почему он такой настоящий?

И вот что немного странно:
Бадюша — не кот, но очень
Любит поесть молочное,
В особенности, сметану.

* * *

Мы сперва не поверили,
Что, родных не послушав,
С аллигатором в прерии
Свёл знакомство Бадюша.

Но когда мы проверили,
Оказалось, что славно
С этим хищником в прерии
Он общался недавно.

И, наведавшись, первые,
Подтвердить мы готовы,
Что вернулся из прерии
Он живым и здоровым.

Собирается с мыслями,
Что-то пишет в тетрадке...
Остаётся нам выяснить:
Аллигатор — в порядке?

* * *

Замечательный забор.
Замечательная белка.
Замечательный — не спорь! —
Дождь накрапывает мелко.

Замечательно пусты
Холодеющие дали.
Замечательно листы
На ветру затрепетали.

Замечательно, что дождь.
Замечательно, что ветер.
Замечательно живёшь,
Замечая всё на свете.

ИМЕНА

Быть крайне внимательным нужно,
Когда говоришь имена.
На собственной шкуре Бадюша
Почувствовал это сполна.

Быть крайне старательным нужно:
Один поменяется звук —
И вместо Бадюши Надюша
Возьмёт и покажется вдруг.

И станет Бадюша Надюшей,
Которая, в школу идя,
Ступать опасается в лужи
И прячет лицо от дождя.

А впрочем, всё может быть хуже:
Один поменяется звук —
И вместо Бадюши Гадюша
Возьмёт и покажется вдруг.

И станет Бадюша Гадюшей,
Что даже в преклонных летах
Наводит безудержный ужас
На всех, кто зовёт его так!

БАБОЧКА

Бабочка —
Не какой-нибудь жук,
А бабочка-недотрога —
Спросила: «Можно я посижу
У Вас на плече немного?»

Голос куда-то пропал у Бадюши —
Он что-то невнятное просипел.
Таким неотёсанным и неуклюжим
Он никогда не казался себе.

Чья это воля: судьбы или случая?
Чей это выбор? Промысел чей?
Бабочка, самая в мире лучшая,
И вдруг — у него на плече?!

Попеременно восторг и тоска
Переполняли его до предела.
Пока он слова для ответа искал,
Подумала бабочка — и улетела.

* * *

Если приходится трудно щенкам,
Слёзы текут у щенков по щекам.

Зубы и когти для тех, кто подрос.
А у щенка ничего, кроме слёз.

Всё же, законам земным вопреки,
Слёзы бывают сильней, чем клыки.

Если обижу щенка хоть слегка,
Тут же прощенья прошу у щенка.

Ну а иначе щенячьи глаза
Смотрят и смотрят, слезами грозя.

ДРУЗЬЯ

1

Любезный читатель, присядь и послушай
Про то, как дружили Бадюша с Радюшей.

«Пора погулять!» — убеждает Бадюша.
«Пора полежать!» — возражает Радюша.

Радюша ворчит, повернувшись спиной:
«Не дам я Бадюше командовать мной!»

Бадюша обходит диван стороною:
«Не дам я Радюше командовать мною!»

Серьёзные очень, упрямые очень —
Никто из них первым мириться не хочет.

Радюша с обидой уходит гулять.
Бадюша ложится, обидевшись, спать.

2

Бывает неловко за друга Бадюше:
Радюша напиться боится из лужи!

Стыдится он прыгать за белкой на ветку,
Хотя и мечтает об этом нередко.

Он голову класть на колени гостям
Не смеет ни вместе с Бадюшей, ни сам.

И как ни старайся ему объяснять,
Не может он шею ногой почесать!

3

Когда поёт Радюша
Про это и про то,
То кто его послушать
Торопится?.. Никто.

Когда Бадюша воет
Весь вечер напролёт,
Задетый за живое,
Сбегается народ!

И говорит Бадюша
Собравшимся вокруг:
«Знакомьтесь: вот Радюша —
Мой самый лучший друг!»

* * *

Неприветливо и голо.
Никакого солнца нет.
Говорят: собачий холод.
А Бадюше этот холод,
Ох, не в радость, а во вред.

Видит тот, кто смотрит мрачно,
Чуя беды здесь и там,
Потому что жизнь — собачья.
А Бадюша жаждет счастья,
Неподвластного годам...

А вся эта жизнь собачья
Пусть достанется котам!

БЕЛИБЕРДА

1

Маленькие дети и взрослые щенки
Каждому однажды докажут без труда,
Что великолепнее чепухи
Может быть только белиберда.

2

В небе живёт звезда
По имени Белиберда.

В ночь новогоднюю жду
Белую белиберду.

Свежесть травы молодой
Стелется белибердой.

Радостно страны смешав и года,
В снах верховодит белиберда.

Рядом с белибердой иногда
Всё остальное — белиберда!

3

Маленькие дети и взрослые щенки,
Надеюсь, вы поняли из этого стиха,
Что великолепнее чепухи
Бывает только полная чепуха.

ШПИЦ И ШПРИЦ

1

Чем-то шпиц и шприц похожи.
Каждый пёс их спутать может.

Различить их — не пустяк.
Ну а дело было так.

Был Бадюша на приёме.
Был здесь шпиц, Бадюши кроме.

И, к несчастью, оказалось:
Им прививка полагалась.

Новость страшную прослушав,
Шпиц дрожит. А с ним — Бадюша.

От волненья почему-то
Он два слова перепутал:

«Принесите шпиц для шприца —
Для меня не нужно шпица!»

Тут, взволнованный ужасно,
Шпиц еще сильнее сжался:

«Невозможно ошибиться,
Отличая шприц от шпица!

Вы любых спросите лиц:
Нет такой породы — шприц!»

Разрывает голос душу.
Стало шпица жаль Бадюше!

2

Он тихо сказал,
Поразмыслив недолго:
«Несите, пожалуйста,
Шприц и иголку.

Хочу доказать
Несмышленому шпицу:
Не стоит дрожать
Из-за каждого шприца!»

ВОСКЛИЦАНИЯ

(БАДЮШИН СОНЕТ)

Как радостно рядом с Бадюшей идти —
И эти стихи сочинять по пути!
А если к дождю прибавляется ветер,
То дважды приятно с Бадюшей идти!

Как весело вместе с Бадюшей идти —
И грязь, торопясь, собирать по пути!
А если не грязь под ногой, а грязища,
То трижды приятно с Бадюшей идти!

Как здорово вместе с Бадюшей идти!
И если вы встретите нас на пути,
То сразу же станет вам радостно-радостно,
То станет вам весело, высело, вусело,
То станет вам здорово, здырово, здурово
И просто приятно по жизни идти!

* * *

Слыхали про горе Бадюшино?
Семья у Бадюши простужена!

Накрыла Бадюшу вина, как волна.
Но в чём заключается эта вина?

Пока он за белкой на дерево лез,
В раскрытую дверь прошмыгнула болезнь!

Пока за котом он гонялся потом,
Она по-хозяйски обшарила дом.

Пока он мечтал о куриной котлете,
Она расставляла ловушки и сети.

Суровый получен Бадюшей урок
За то, что он благом семьи пренебрёг!

БАДЮШИНЫ ПЕСНИ

Если солнце — наружу,
И в порядке дела,
Напевает Бадюша:
Тра-ла-ла, тра-ла-ла.

Если в далях воздушных
Исчезает тропа,
Напевает Бадюша:
Трам-па-па, трам-па-па.

Если рядом косуля
Пробежала стремглав,
Напевает Бадюша:
Гав... Гав... Гав...

МОРЖ

В любую погоду, у всех на виду
Бадюша купается утром в пруду.

И стала повсюду молва расходиться:
Бадюша воды ледяной не боится.

Кричали всё громче, вещали всё чаще:
«Да он не собака, а морж настоящий!»

Бадюша, проснувшись, ушам не поверил —
Ему предлагают поехать на Север,

Чтоб знали моржи, проживая в глуши,
Что в мире бывают иные моржи.

Бадюша ответил не сразу, но гордо:
«Вещайте, пожалуйста, сколько угодно.

Поскольку я морж абсолютно домашний,
Остаться без мамы мне было бы страшно.

Когда вокруг зима и холодина,
Мой идеал — подушка, а не льдина!»

ГОСТИ

Бадюша косулю приводит к нам в гости:
«Пожалуйста, с другом моим познакомьтесь!»

«Стесняться не надо! Мы искренне рады!
Вот сыр и печенье, стакан лимонада».

Бадюша опять убегает куда-то.
Вернулся. А вместе с Бадюшей — зайчата.

Любители всяких забав и проказ,
С тех пор поселились зайчата у нас.

Теперь у нас дома летают орлы,
И стадо гусей обживает углы!

И, взглядом движенье гостей согласуя,
Следит за порядком всё та же косуля.

А мы не внакладе, хотя и в осаде:
Достаточно места у нас на кровати!

Но жуткая мысль отгоняет дремоту:
А если подружится он с бегемотом?!

МЕЧТАНИЯ

В минуты тоски или слабости
Бадюша мечтает о бабушке.

У бабушки столько рецептов в запасе,
Что сумрачный день превращается в праздник.

У бабушки счастья так много на полках,
Что срочно нуждаются полки в подпорках!

Сквозь дымку стекла возвышаясь, посуда
Чуть слышно звенит обещанием чуда.

И сами при виде варенья
Рождаются стихотворенья.

СЛОВО

1

Достопримечательность —
Чудное слово.
Без него путешествия нет никакого!

Думал Бадюша сурово,
Глядя в пустой потолок:
«Как же без этого слова
Я обходиться мог?»

Слово не менее важное,
Чем компас или рюкзак,
Необходимое каждой
Из мыслящих собак!

Слово такое же длинное,
Как само путешествие.
Произносить его медленно
Нужно и чуть торжественно.

Пока не отправился поезд
С вокзала ночного,
Ещё никому не поздно
Выучить это слово.

А если собьётесь здесь или там,
Произнесите его по частям.

2

В Буэнос-Айресе или Мадриде
Сто *примечательностей* рассмотрите.

Если вы, скажем, окажетесь в Риме,
Наведайте римские *достопри́ми*.

Если до Парижа дойдёте на пари,
Спроси́те: «А где тут у вас *достопри́?*»

А если вы дома останетесь снова,
То с вами останется это слово.

ХВОСТАТЫЕ СНЫ

1

Обидно Бадюше, обидно до слёз:
Его ни за что обозвали «прохвост»!

(Вы бы и сами страдали, небось,
Если бы с вами такое стряслось).

Нет для прохвоста неба и звёзд —
Он думает только про собственный хвост.

А у Бадюши, кроме хвоста,
Других интересов не менее ста!

2

Снятся Бадюше хвостатые сны.
Сны эти странных видений полны.

Вот среди разных тюльпанов и роз
Хвост и Бадюша движутся врозь.

Бадюша свой хвост окликает:
— Послушай!..
И, оборачиваясь на ходу,
Хвост ему машет хвостом,
А Бадюше
Нечем в ответ помахать хвосту.

3

Вот, перед зеркалом жадно застыв,
Он примеряет чужие хвосты.

Тот слишком короток, этот — длинен.
А этот, пожалуй что, слишком прост.
И вдруг —
Неохватный, огненно-синий
У него распускается с треском хвост!

Бадюша — на улицу! Там зеваки
Его обступают тесней, плотней:
Такого хвоста на спине дворняги
Никто не видел с начала дней!

Вдруг он в чужой попадает город.
Город заснежен и нелюдим.
Он мчится и мчится по площади голой,
А хвост его мчится и мчится за ним!

4

Думал Бадюша, проснувшись от слёз:
«Счастье какое, что я — не прохвост!»

НИ-НИ!

При Бадюше ссориться
Даже не мечтай!
Тут же успокоиться
Заставляет лай.

Как и полагается,
Он без лишних слов
С теми, кто ругается,
Страшен и суров.

Как посмотрит яростно,
А в глазах огни:
Обожать — пожалуйста,
Обижать — ни-ни!

ПОСЕРЕДИНЕ

С утра до звёздной ночи,
Забыв, что нужно спать,
Растёт у дома очередь —
С Бадюшей поиграть.

А рядом, изнывая
(Ну сколько можно ждать?),
Ждёт очередь другая —
Бадюшу приласкать.

А следом, чуть короче,
Но тоже велика,
Течёт иная очередь —
Петь песни для щенка!

Идут толпой художники —
Бадюшу рисовать.
Идут толпой сапожники —
Бадюшу обувать.

И все на свете очереди
(Кто может их винить?)
Пытаются настойчиво
Бадюшу поделить.

«Он только наш отныне!»
«Нет, это наш щенок!»
А он — посередине:
Печален, одинок.

Никто с ним не играет,
Никто не приласкает...

СОВЕТЫ

Уравновешенным очень и мудрым
Станет Бадюша когда-нибудь утром.

Будет по праздникам и выходным
Он посвящать своё время родным.

В пятницу, среду и понедельник
Будет он в битвах сражаться идейных.

Ну а по вторникам и четвергам —
Советы давать несмышлёным щенкам.

Он скажет любовно, как будто родитель:
«Пожалуйста, дети, носков не крадите,

Поскольку носки или даже штаны
Щенкам всё равно не особо нужны».

Молвит он голосом старшего друга:
«В жизни умеренность — важная штука.

Если вы грызли диван до упада,
Книжную полку трогать не надо!»

ПОРА!

И подумал Бадюша,
Побеждая дремоту:
«Ох, на мягких подушках
Залежался я что-то!»

И воскликнул Бадюша,
Возражая кому-то:
«Нужно вызволить душу
Из тепла да уюта!»

«Как взлечу я с потоком,
Как рванусь за межу!
Вот полчасика только
На боку полежу...»

ЦИФРЫ

1

Неотвязчивые цифры —
Им бы только прибавляться!
Нужно фокусником в цирке
Быть, чтоб с цифрами справляться.
Чтобы куст к пруду прибавить,
Нужно все дела оставить,
И всю жизнь разворошить,
Чтобы завтраки сложить!

2

В жаркий день, сухой и длинный,
Думать очень тяжело.
Только девять с половиной
Мыслей в голову пришло.

Настроение менялось
Сорок раз, туда-сюда,
Но при этом оставалось
Замечательным всегда!

Триста тридцать раз в минуту
Радость щёлкнула хвостом!
Этих цифр я не забуду,
Буквы выучу потом.

БАДЮШИНЫ ПИРЫ

Нет у Бадюши ни сна, ни покоя,
Если готовится в кухне жаркое.

Переполняет волнение душу,
Если капусту брюссельскую тушат.

Если пирог дозревает в духовке,
Мрачные мысли смешны и неловки.

Даже от скромного ломтика сыра
Преображается сразу квартира!

...Вот уже тихо становится в мире.
Пол подмели и посуду помыли.

Всё же надежда теплится слабо:
Есть ещё несколько крошек хотя бы.

Вечер вполне хорошим
Выдался, слава Богу,
Но несколько лишних крошек
Лишними быть не могут.

НЕ ПОЛУЧАЕТСЯ!

1

К пруду приближаясь, подумал Бадюша:
«Да это не пруд, а какая-то лужа!»

Потом он зарылся в траву с головою
И очень остался травой недоволен.

Он косточку спрятал вчера под газетой,
И нет ему дела до косточки этой!

С плохим настроеньем почти не знаком,
Он учится быть в настроеньи плохом.

2

С каким бы восторгом ему унывалось,
И вся бы семья за него волновалась!

Когда б он тоске предавался часами,
Его бы часами за ушком чесали!

Как был бы он рад прогрустить три недели —
Его бы подряд три недели жалели!

Было бы здорово взять и отчаяться —
Не получается!.. Не получается...

* * *

Бывает, что нужен для счастья
Какой-нибудь сущий пустяк:
С косулей в лесу повстречаться
И зайца учуять в кустах.

А вспомнишь про корочку сыра
(О, как же ей грустно одной!) —
И тут же волшебная сила
Тебя возвращает домой.

Так стоит ли никнуть уныло
И ссориться с жизнью, когда
Сквозь каждую щёлочку сыра,
Сощурившись, смотрит звезда?!

БАДЮША В ЧИКАГО

Боже мой, Чикаго —
Вот оно, живое!
Тянется чеканно
Ввысь над головою.

Мощное, мощёное,
В росчерках металла...
Бьётся учащённо
Пульс провинциала!

Столько разных запахов,
Что не веришь носу,
Столько свежих замыслов,
Образов, вопросов!

Впрочем, есть и жалобы
(Что здесь притворяться!):
Очень не мешало бы
В травке поваляться.

Не под сенью дерева,
А у фонаря лишь
Как-то неуверенно
Лапку задираешь.

А болонка местная
Крошечного веса
Смотрит чуть насмешливо,
Не без интереса.

Смотрит снисходительно,
И сама — заметьте! —
В умопомрачительном
Вязаном жилете.

Так у них, наверное,
Принято в Чикаго?
А жилет мохеровый
Ей идёт, однако!

В замшевые тапочки
Лапочки обуты.
Ух, какие лапочки —
Просто фу-ты, ну-ты!

Мыслями высокими
Наш Бадюша занят:
А могли бы всё-таки
Стать они друзьями?

Что она, капризница,
Думает про это?..
Нет, к такой приблизиться
Страшно без жилета!

ПИКНИК

Вышли соседи с корзинами снеди —
Грузят корзины в машины соседи.

Вмиг натянулись Бадюшины нервы:
«Ах, на пикник они едут, наверно!»

Радость ни с чем не сравнимого рода —
Лепет ручья, лепесток бутерброда!

Взмыть на холмы и обшарить овраги —
Роскошь, доступная каждой дворняге!

И, оказавшись с соседями рядом,
Смотрит щенок умоляющим взглядом.

Делая вид, что он просто гуляет,
Рыжим хвостом деликатно виляет.

Крутится кротко у всех под ногами:
«Ну, догадайтесь, пожалуйста, сами!»

Стыдно Бадюше спросить напрямик:
«Можно мне тоже на этот пикник?»

* * *

Наигравшись, Бадюша
Смотрит пристально вдаль.
Отражается в лужах
Не закат, а печаль.

И деревья друг друга
В подступившую тьму
Провожают без звука —
И кивают ему.

В это время Бадюше,
Пусть всего лишь на миг,
Непонятным и чуждым
Представляется мир.

Чашу терпкого мрака
Он по капле испил...
Кто сказал, что собакам
Недоступен Шекспир?

ТЕРАПИЯ

1

Уходить собирается мама —
Разве это не драма и травма?

Никакие лекарства и травы
От подобной не вылечат травмы.

И, повесив печальные уши,
Угасает до срока Бадюша.

«Так не может всю жизнь продолжаться!» —
Я его убеждал ежечасно.

Все соседи внушали к тому же,
Что Бадюша здоровье разрушит.

Все родные его торопили
Записаться на курс терапии.

2

Ни лекарств, ни бинтов, ни иголок.
В кресло сесть приглашает психолог.

Мягкий голос, движенья скупые.
Превосходная вещь — терапия!

Он еще не успел оглядеться —
Рассказать его просят про детство.

В дебри времени, в тёмные гущи
Он уходит всё глубже и глубже.

Все свои огорченья и слёзы
Он опять пережил под гипнозом!

И уже не забудется вскоре
Ужас лужи в пустом коридоре

И украденный мяса кусочек,
Что казался немыслимо сочным!

Как до этого жил он, не зная,
Что вся жизнь — это рана сквозная?

Как он жить собирается, если
Можно жить только с травмами вместе?

Осознав эту истину, Боже,
Он травмирован стал еще больше!

3

А мама ему говорит:
«Ты, Бадюша, не бойся!
Я оставлю тебе
Свой пуховый платок —
Ты уткнись в него носом,
Как только свернёшься в клубок.
И не будет ни страха, ни боли,
Потому что я буду с тобою...»
И рецепт этот вправду помог.

К ПОРТРЕТУ БАДЮШИ

Он познал безнадежность и страх,
Но не смотрит на жизнь безнадежно.
Он на всех говорит языках,
Если с ним разговаривать нежно.

КРАБЫ

(БАДЮША У МОРЯ)

Широко расставив лапы,
Ходят крабы там и тут.
А ещё у многих крабов
Выше лба глаза растут.

Но как только, встрече рады,
Вы бросаетесь на них,
Вглубь песка ныряют крабы
С грузом лап и глаз своих.

Говорит Бадюша: «Крабы,
Я конфликтов не хочу.
Поигрался, крабы, я бы
С вами, крабами, чуть-чуть!

Вам самим знакомы, крабы,
Одиночество, тоска…»
Но из крабов даже храбрый
Глаз не кажет из песка.

Если б мог по-крабьи лапы
Он сгибать и расставлять,
Все б сбежались крабы, дабы
С ним, Бадюшей, погулять!

Хорошо — пускай хотя бы
Выше лба росли глаза б,
И тогда б сказали крабы:
«Ну, Бадюша, ты и краб!»

* * *

Когда выпадает случай,
В старом свернувшись кресле,
Любит Бадюша слушать
Две непохожих песни.

В одной из них радость брызжет,
Нет никогда потёмок.
Там, стукнув копытом, рыжий
Прыгает жеребёнок.

В другой завывает ветер,
Слёзы стекают косо.
Не может ничто на свете
Высушить эти слёзы...

Он любит их слушать вместе,
Не понимая даже,
Что две непохожих песни —
Песня одна и та же.

ЧЕМОДАН

Снова достали его из чулана!
Вот он лежит: неподвижный, пустой.
Будто из ямы, со дна чемодана
Холодом тянет и темнотой.

Тянет оттуда разлукой и скукой,
Тягостным, тусклым, бессмысленным днём
И разбудившим средь ночи испугом:
Что, если мама забыла о нём?

Можно ли вынести муку такую?
(Лучше бы всем уезжать налегке!)
Ведь не одежду сейчас запакуют —
Ласку и нежность, прогулки к реке.

Вот уже крышкой прихлопнули берег!
Нужно платить одиночеству дань.
Ах, поскорее бы... Ах, поскорее б
Заперли снова в чулан чемодан!

* * *

Проступает там и здесь,
То отчётливо, то слабо,
Кроме жизни той, что есть,
Жизнь, которая *могла бы*.

Лягушонком из пруда,
Медвежонком неуклюжим
Мог он быть? Наверно, да.
А они б могли — Бадюшей?

И, нахмурившись слегка,
Тишину пронзая гулко,
Как похожи облака
На собак из переулка!

ЕСЛИ…

Если б стал он верблюдом,
Хоть маленьким самым
И не знающим жизни почти,
Он пустыней бы шёл
Без воды и без мамы
И конца бы не видел пути.

Может, жить ему было бы легче,
Если б рыжим он стал муравьём?
Но взвалив хворостинку на плечи,
Не скули и не плачься потом!

Если б стал он слоном —
Не чуть-чуть, а всецело —
То, с другими слонами живя,
По саванне бы он не слонялся без дела,
Чтобы не раздавить муравья!

А когда бы он стал
Капитаном дальнего плавания,
В капитанской фуражке
Он стоял бы на вахте ночной
И считал бы, что самое главное —
Поскорее вернуться домой!

Ну, а если бы стал он звездой,
То светил бы оттуда,
Где всё бесконечно и странно,
На верблюда,
Слона,
Муравья,
Капитана…

* * *

Каждый по-своему падал листок:
Этот — на запад, а тот — на восток.
Наискосок или прямо,
Каждый по-своему падал.

В давние, долгие, дивные дни
Неотличимыми были они.
Знать не могли, что однажды
Вспыхнет по-своему каждый.

Каждый по-своему падал листок:
Этот — на камень, а тот — на песок.
В дымке седой, розоватой
Завтра сгребут их лопатой…

Каждый по-своему падал листок.
Молча следил за полётом щенок.
И, остановленный взглядом,
Падал листок — и не падал.

СТРАХ

Что может быть печальней и живей
Деревьев, обступающих дорогу?
Перебирая лапами ветвей,
Они бегут — и двинуться не могут!

И, замерший от дома в двух шагах,
Уже и голоса оттуда слыша,
Вдруг чувствует Бадюша странный страх:
Он побежит, а дом не станет ближе.

НАБЛЮДЕНИЯ

Столько невидимых миру событий —
Важных, не важных...
Может, паук, распуская нити,
Шарф для Бадюши свяжет?
Он бы смотрелся очень красиво
В шарфике, с мамой рядом.
Девочка яблоко надкусила.
Не поделилась... Ну и не надо.
А вот и писем живая стопка
Разбудила почтового ящика тьму.
Одно из них, — он подумал робко, —
Предназначается лично ему.
Мальчик проехал на велосипеде,
Выкрикнул что-то — и был таков!
Строчки пыльной энциклопедии
Стали формами облаков.

Если твоя собака
Ждать перестала тебя...
Более страшного знака
Не посылает судьба!

Значит, трава — не трава,
Значит, тропа — не тропа,
Если твоя собака
Ждать перестала тебя.

Значит, ничто не поможет
Выжженной жизни твоей,
Кроме тропинки заросшей
И рыжей собаки на ней.

БАДЮША И ЗМЕЯ

1

Очень повесть печальна моя.
Как начать эту повесть, не знаю.
Укусила Бадюшу змея —
Ядовитая, злая.

Укусила в лесу родном,
Где с любой он тропинкой дружен,
Где сбивал он росу хвостом
И лакал облака из лужи!

2

Здесь воздух в полный голос пел
И знал ручей все части речи.
Здесь каждый ствол и даже пень
Тысячекратно был отмечен.

Впитав смолистый, травяной,
Почти неуловимый запах,
Он приносил весь лес домой
Хвоинкою, застрявшей в лапах!

3

— Где его мячик?
— Лежит в кустах.
— Что ж он не скачет с мячом в зубах?

Вот его чашка с отбитым краем.
Что же он в дом не влетает с лаем?

Пруд и деревья вокруг пруда —
Те же, что были они с утра.
Там, под сосною зарытый дальней,
Бадюшин тайник остаётся тайной.

Кругами вопрос пробежал по воде:
А сам он — где? Неужели нигде?

4

Машина птицей летит в больницу.
Мелькают улицы и огни,
Собаки, люди, затылки, лица,
Грустные дни и счастливые дни.

Воспоминанье прожгло навылет:
Еще бездомный он был щенок,
И кто-то имя назвал впервые,
А он расслышать его не смог.

Был голос добрым и самым нужным,
Он доносился, как тихий звон.
И снова кто-то позвал: «Бадюша!»,
И вдруг он понял, что это — он...

5

Всё плотнее туман, и всё же
Вспоминай, пока помнить можешь,
Как летелось окрестным лугом
Одному или вместе с другом.
За корягой нырял без страху —
И на берег тащил корягу!
Поздравляет семья, ликуя:
«Надо ж, палку нашёл какую!»

Всё трудней, всё больней вспоминать...
Опускается ночь темнокрыло...
И уже невозможно понять:
Всё, что было, зачем оно было?

6

Машина птицей летит в больницу,
Стирая лица и дней страницы...

Лес перед ним вырастает,
Но стал этот лес другим.
Лохматые сосны стали
Бесплотными, словно дым.

Тропою окольной
Он хочет пробраться,
Но видит, что корни
Навстречу змеятся.

Змеится ручей,
Расползается суша,
И в ужасе шаг
Замедляет Бадюша!

Куда ни пойдёт
И взглянуть ни посмеет —
Везде только змеи,
Одни только змеи.

7

Вдруг рассыпается прахом страх.
Лес расступается мало-помалу.
Бадюша у мамы повис на руках,
В больницу вбежала по лестнице мама!

Четыре укола... И будто сквозь сон,
В котором весь мир для него пребывает,
Он слышит короткое слово: — Спасён...
И, маму узнав, чуть заметно виляет.

8

Назавтра, как будто ни в чём не бывало,
В траве он лежит, развалившись устало.

Как странно представить, что можно исчезнуть
Из мира, где запахов столько чудесных!

Под липой, в саду, перед самым обедом
Подобный удел представляется бредом.

Подобную мысль он зовёт не иначе,
Как дурью, нелепицей, чушью собачьей!

И если находится рядом семья,
Не так уже сильно пугает змея.

И если с утра приготовлен обед,
То сложно поверить, что вечности нет!

* * *

Увидел лестницу, дворы,
Поблёкший парк за гаражами.
Как только он глаза открыл,
Подумал сразу: Обожаю!

А день и вправду был хорош:
Набычась, тучки набежали.
Как только он услышал дождь,
Подумал сразу: Обожаю!

А будней вязь и волшебство!..
А за стеной картошку жарят!..
И мир стоит, пока его
Щенок ушастый обожает.

БАДЮШИН ДЖАЗ

Когда из темноты,
Угрюмой напоказ,
Проглядывает мир
Без красок и прикрас,
И свет иных планет
Не достигает глаз —
На помощь позови Бадюшин джаз.

Когда все куда — никуда,
Когда все когда — никогда,
И вечно на часах один и тот же час —
На помощь позови Бадюшин джаз.

У Бадюшиного джаза —
Мокрый нос.
У Бадюшиного джаза —
Рыжий хвост.
У него в запасе тысяча проказ.
Боже мой, он заиграл как раз!

И стрелки вновь бегут на север, юг.
И, с облака склонившись, смотрит Дюк.
И все мы — рядом, за руки держась,
Пока для нас играет этот джаз!

НАЧАЛО

Почвой и синевой стала вчерашняя сень.
Лист, в паутине застряв, вызов бросает пожару!
И на вершине холма, в гуще сплошных облаков,
Лапу поджав, изготовился к бегу
Бадюша...

СОДЕРЖАНИЕ

СКОЛЬКО В НЕДЕЛЕ ЗАВТРАКОВ?

ХВОСТАТЫЕ СНЫ